Aventures 1

Anne Burrows Clarke, B.A., M.Ed.

French Consultant
Toronto Board of Education
Toronto, Ontario

Gail S. Leder, B.A., M.Ed.

French Teacher
Scarborough Board of Education
Scarborough, Ontario

Rauda M. Rautins, B.A., M.Ed.

French Teacher
Toronto Board of Education
Toronto, Ontario

Editorial Development: Jacquie Donat

Copp Clark Pitman Ltd.
A Longman Company

ISBN 0-7730-1692-9

Editing/*Jacquie Donat*
Design/*Many Pens Design*
Illustration/*Barbara Reid*
Photography/*Ian Crysler*
Songs/*Matt Maxwell*
Typesetting/*Compeer Typographic Services*
Printing and binding/*Bryant Press*

Printed and bound in Canada

9 10 11 BP 02 01 00

Table des matières

En classe

1.

2.

3.

4.

5.

6.

Parle!

A.

B.

Lis et parle!

C'est une fille?   C'est un garçon?   C'est une table?

C'est Denis?   C'est une gomme?   C'est une fenêtre?

C'est une règle?   C'est Kimo?   C'est une porte?

C'est Catina?   C'est Lutin?   C'est un cahier?

C'est Sylvie?   C'est Mozart?   C'est un professeur?

Super Stylo

Professeur: Bon. Numéro 1. Regardez!
Qu'est-ce que c'est?

Garçon: Ah! c'est un cahier, c-a . . .
Oh non!

Garçon: Ah oui! h-i-e-r. Oh! là là!
Bravo!

Garçon: Comment t'appelles-tu?
Stylo: Je m'appelle Super Stylo.

Professeur: Bon. Numéro 2. Regardez! Qui est-ce?

Super Stylo: Mais...qui est-ce?
Garçon: C'est Galaxo.

Super Stylo: C'est Galaxo, G-a-l-a-x-o.

Garçon: Merci, Super Stylo.
Super Stylo: De rien! Au revoir!

Chante!

Qu'est-ce que c'est?

Re-gar dez.___ Qu'est-ce que c'est? C'est un cra-yon. C'est un cra-yon.

C R A Y O N

A B C D E F G ___ Je parle, je parle fran-çais.___ Un, deux, trois,

quatre, cinq, six,___ je sais, je sais comp-ter.___

Paroles et musique: Matt Maxwell

2. Regardez. Qu'est-ce que c'est? (*bis*)
   C'est une table. C'est une table. (*bis*)
   T - A - B - L - E (*bis*)
   Refrain

3. Regardez. Qu'est-ce que c'est? (*bis*)
   C'est une craie. C'est une craie. (*bis*)
   C - R - A - I - E (*bis*)

4. Regardez. Qu'est-ce que c'est? (*bis*)
   C'est un stylo. C'est un stylo. (*bis*)
   S - T - Y - L - O (*bis*)
   Refrain

8

Vas-y!

Les numéros

À ton tour!

Qui est-ce?   C'est Lutin?   Qu'est-ce que c'est?   C'est Luc?   C'est une salle de classe?

C'est une fille?   C'est un garçon?   C'est Sylvie?   C'est un livre?   C'est un crayon?

Regardez!

1.

Regardez! Qu'est-ce que c'est?
C'est un livre.

2.

C'est un crayon.

3.

C'est un cahier.

4.

Oh! là là! C'est une table!

5.

Qu'est-ce que c'est?

6.

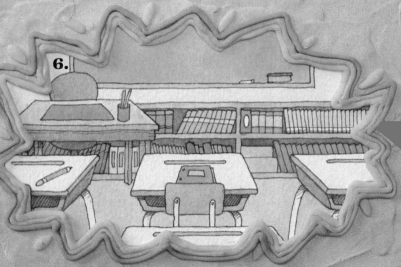

Regardez! C'est une salle de classe!

11

À l'école

Quelle aventure!
Tour A

une brosse

un cahier

une chaise

un garçon

une fille

une fenêtre

un crayon

une craie

une gomme

un livre

une porte

un professeur

un pupitre

une règle

un stylo

une salle de classe

une table

Attention!

C'est un crayon.
C'est une craie.

un tableau

non

oui

À la récréation

1.

Bonbons, biscuits, Madame, entrez!
Bonbons, biscuits, Madame, achetez!
Bonbons, biscuits, Madame, payez!
Bonbons, biscuits, Madame, sortez!

2.

Am stram gram
Pic et pic et colégram
Bour et bour et ratatam
Am stram gram
Pic!

3.

Blin bli blo
Sors du pot!

4.

1, 2, 3 fleurs
1, 2, 3 lis
1, 2, 3 fleurs de lis!

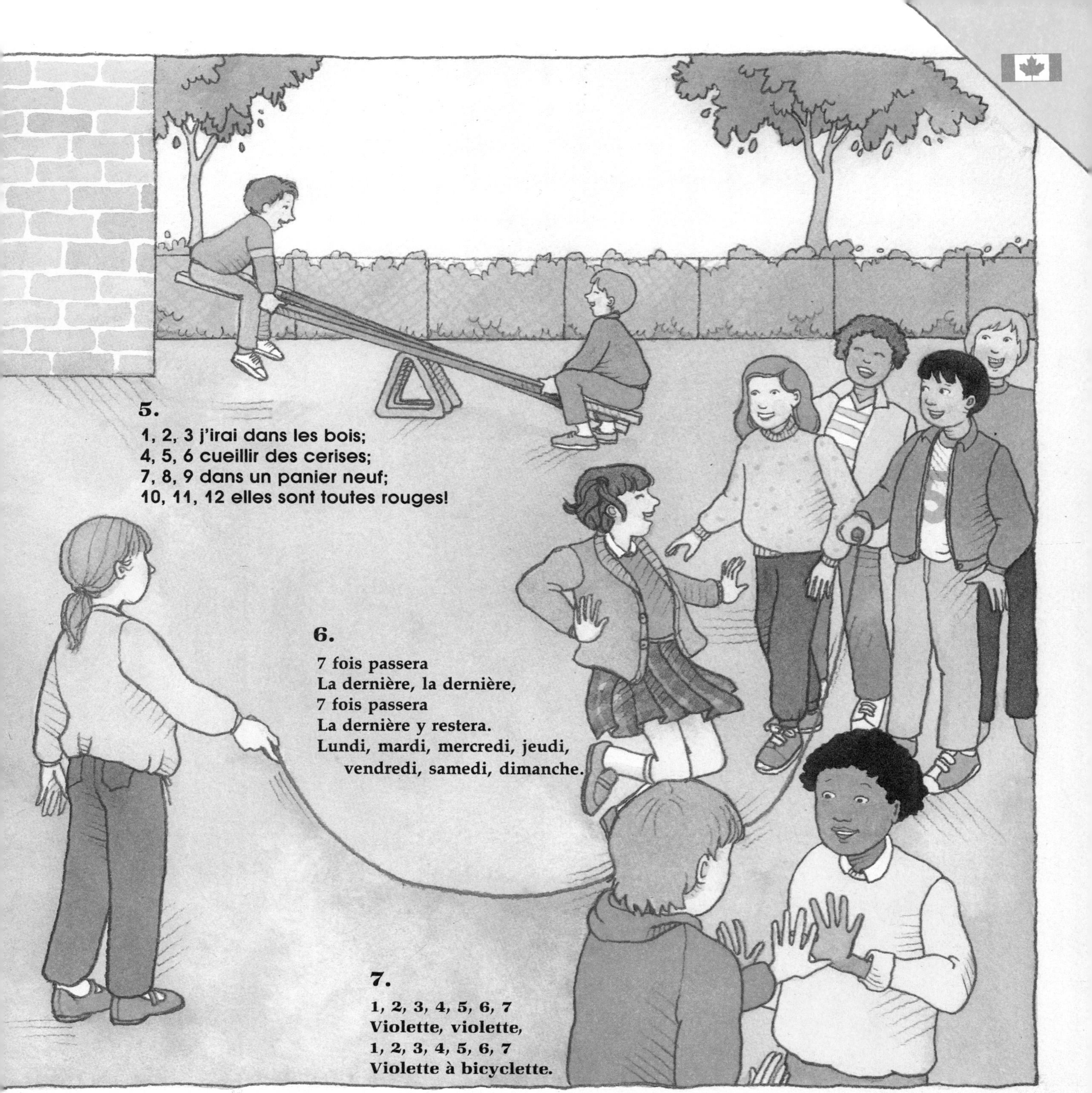

5.

1, 2, 3 j'irai dans les bois;
4, 5, 6 cueillir des cerises;
7, 8, 9 dans un panier neuf;
10, 11, 12 elles sont toutes rouges!

6.

7 fois passera
La dernière, la dernière,
7 fois passera
La dernière y restera.
Lundi, mardi, mercredi, jeudi,
    vendredi, samedi, dimanche.

7.

1, 2, 3, 4, 5, 6, 7
Violette, violette,
1, 2, 3, 4, 5, 6, 7
Violette à bicyclette.

15

merveilles

C'est magique!

Parle!

A.

B.

Parle!

C.

Lis et parle!

Qu'est-ce que c'est?   C'est bleu?   Qui est-ce?

De quelle couleur est-ce?   C'est une auto?   C'est Luc?

Ce sont des clowns?   C'est une bicyclette rouge?   C'est un jeu électronique?

C'est une chaise blanche?   Ce sont des fusées?

Ce n'est pas logique!

1. Je m'appelle Ordino. Comment t'appelles-tu?

2. Je m'appelle Denis.

3. Bonjour, Denis!

4.
Denis: Dessine un avion.
Ordino: De quelle couleur?
Denis: Un avion blanc.

5. C'est un avion blanc.

6.
Denis: Oui! Bravo, Ordino! Dessine des autos vertes.

Denis: Sylvie, viens ici!
Regarde! Ce sont des fleurs jaunes.
C'est un avion blanc et ce sont des autos vertes.
C'est un ordinateur fantastique!

Sylvie: Oh! là là! Ordino, dessine
un pupitre rouge et orange.

Ordino: Un pupitre rouge et orange?!!
Ce n'est pas logique!
Ce n'est pas logique!
Ce n'est pas ...
Ce n'est pas ...
Ce n'est pas ...
Ce n'est ...
Ce ...

Chante!

Ah oui!

2. Ce sont des avions blancs.   *(bis)*
Non, ce sont des avions bleus.   *(bis)*
Ah oui! Ah oui!
Ce sont des avions bleus et blancs.

Ce sont des au-tos vertes. Ce sont des au-tos vertes.
Non, ce sont des au-tos rouges. Non, ce sont des au-tos rouges. Ah
oui! Ah oui! Ce sont des au-tos rouges et vertes.

Paroles: Matt Maxwell
Musique: Jack Grunsky

3. Ce sont des fusées noires.   *(bis)*
Non, ce sont des fusées jaunes.   *(bis)*
Ah oui! Ah oui!
Ce sont des fusées jaunes et noires.

4. Ce sont des robots verts.   *(bis)*
Non, ce sont des robots bleus.   *(bis)*
Ah oui! Ah oui!
Ce sont des robots bleus et verts.

Devine!

1.

2.

3.

4.

5.

6.

En forme!

À ton tour!

Qu'est-ce que c'est?   De quelle couleur est-ce?   Ce sont des robots jaunes?

C'est noir?   C'est un jeu électronique?   Qui est-ce?   Comment s'appelle-t-il?

C'est fantastique!

1.

Denis: Qu'est-ce que c'est? Ah! ce sont des bicyclettes, des bicyclettes oranges et bleues. C'est fantastique!

2.

Sylvie: Regardez. C'est un clown. Ah non! Ce n'est pas un clown. C'est un robot!

3.

Luc: C'est un train! C'est un train noir! C'est magique!

4.

Sylvie: Regardez! Qu'est-ce que c'est? Ce ne sont pas des avions. Ah! ce sont des autos, des autos vertes! C'est fantastique!

5.

Luc, Denis et Sylvie: C'est magique! C'est fantastique!

Au monde des merveilles

28

Quelle aventure!
Tour B

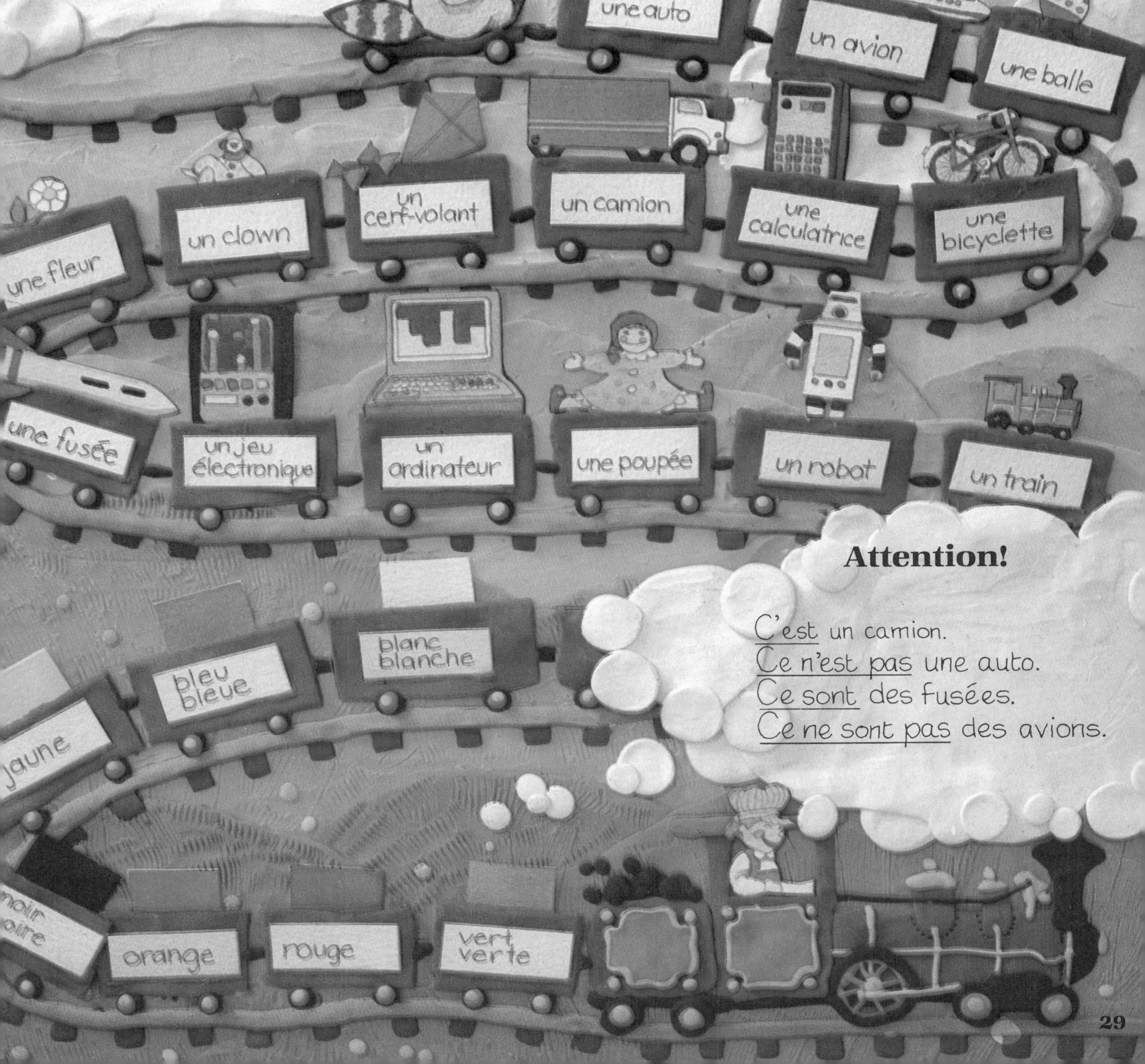

une auto

un avion

une balle

un clown

un cerf-volant

un camion

une calculatrice

une bicyclette

une fleur

une fusée

un jeu électronique

un ordinateur

une poupée

un robot

un train

Attention!

C'est un camion.
Ce n'est pas une auto.
Ce sont des fusées.
Ce ne sont pas des avions.

jaune

bleu
bleue

blanc
blanche

noir
noire

orange

rouge

vert
verte

29

Bonne fête, Julie!

Parle!

A.

Parle!

C.

Lis et parle!

Bonne fête, Paul!

Qu'est-ce que c'est?   Qui est-ce?   C'est une fille?
Comment s'appelle-t-il?   C'est sa mère?   Ce sont ses grands-parents?
Quel âge a-t-il?   C'est quand sa fête?   C'est son ami?   C'est son frère?

Une famille extraordinaire!

1. Voici un robot. Il s'appelle Caraboche. C'est le 9 septembre. C'est sa fête aujourd'hui. Il a 5 ans. Regarde son gâteau.

2. Voici son frère. Il s'appelle Frère-aboche.

3.
Frère-aboche: Bonne fête, Caraboche!
Caraboche: C'est mon cadeau?
Frère-aboche: Oui. C'est une calculatrice.
Caraboche: Oh! là là! Merci!

4. Mais qui est-ce? Ce n'est pas Caraboche. C'est sa soeur. Elle s'appelle Soeur-aboche.

Soeur-aboche: Regarde, Caraboche!
Voilà ton cadeau.
Caraboche: Fantastique! C'est un cerf-volant.

Voici Caraboche et ses parents. Sa mère
s'appelle Mère-aboche. Son père s'appelle
Père-aboche.
Mère-aboche: Voici ton cadeau, Caraboche.
Père-aboche: C'est une bicyclette.

Caraboche: Ce sont des cadeaux magnifiques!

Chante!

Bonne fête!

Bonne fête. Quel âge as-tu? J'ai dix ans.

Bonne fê-te, bonne fête. Re-garde ton ca-deau. C'est

fan-tas-tique.— C'est ma-gni-fique.— C'est un cerf-vo-lant.— C'est

fan-tas-tique. C'est ma-gni-fique. C'est un cerf-vo-lant.

Paroles et musique: Matt Maxwell

2. Bonne fête. Quel âge as-tu?
   J'ai trente-deux ans.
   Bonne fête, bonne fête.
   Regarde ton cadeau.
   C'est fantastique. C'est magnifique.
   C'est un robot! } **(bis**

3. Bonne fête. Quel âge as-tu?
   J'ai dix-huit ans.
   Bonne fête, bonne fête.
   Regarde ton cadeau.
   C'est fantastique. C'est magnifique.
   C'est une auto! } **(bis)**

Une famille et ses chiens

1.

2.

3.

4.

5.

Bonjour!

À ton tour!

Il pleut?   Il neige?   Il fait soleil?   Il fait froid?   C'est un chat?

C'est nuageux?   Il fait chaud?   Ce sont ses amis?   C'est son frère?   C'est le 27 octobre?

Tritri et ses triangles

1. Voici Tritri. Quel âge a-t-il? Il a six ans.
Voici sa mère et son père. Voici ses soeurs.

2. **Tritri:** Ce n'est pas ma balle blanche. C'est un cercle! Ce ne sont pas mes soeurs. Ce sont des cercles!

3. **Tritri:** C'est ma mère? C'est mon père? Mais non! Ce ne sont pas mes parents. Ce sont des carrés!

4. **Tritri:** C'est ma maison? Mais non! Ce n'est pas ma maison. C'est un rectangle! Oh! là là! Maman!!!

5. **Tritri:** Ah! voilà ma maison. Voilà ma mère et mon père. Voilà mes soeurs.

6. **Tritri:** Et voici mon chien. Viens ici, Trido!

Bonne fête!

Quelle aventure!
Tour C

un cadeau

un chat

un chien

une mère

une maison

un grand-père

une grand-mère

un gâteau

un frère

un père

une soeur

janvier

février

mars

avril

juin

mai

juillet

août

Attention!

C'est <u>mon</u> cadeau.
C'est <u>ma</u> balle.
Ce sont <u>mes</u> chiens.

tembre

octobre

novembre

décembre

43

Dates importantes

1.

2.

Chante!

Ô Canada!

Ô Canada! Terre de nos aïeux,
Ton front est ceint de fleurons glorieux!
Car ton bras sait porter l'épée, Il sait porter la croix! Ton histoire est une épopée Des plus brillants exploits.
Et ta valeur, de foi trempée,
Protégera nos foyers et nos droits,
Protégera nos foyers et nos droits.

Musique: Calixa Lavallée
Paroles: Adolphe-Basile Routhier

le 1er juillet
BONNE FÊTE, CANADA!

Chante!

Monsieur X

Paroles et musique: Matt Maxwell

2. A - V - I - O - N
   C'est un avion.
   Refrain

3. B - R - A - V - O
   C'est Bravo!

ABC
Devinez!
Ce n'est pas une fusée.
Ce n'est pas un carré.
Ce n'est pas un cahier.
Regardez!
C'est une poupée!

L M N O

LMNO
Voici un cadeau.
C'est une auto?
C'est un stylo?
C'est un numéro
Pour Monsieur Zéro?
Voici un cadeau.
Oh! là là, Kimo!
Ce sont des robots
Pour Galaxo.
Bravo!

des vêtements

Il fait froid!

1.

2.

3.

4.

5.

Parle!

Parle!

Lis et parle!

Qu'est-ce que c'est?   Qu'est-ce qu'elle met?   Qu'est-ce qu'elle porte?

De quelle couleur est-ce?   Quel temps fait-il?   C'est un chien?

La photo fantaisie

Luc: Lutin, regarde le bébé!
Lutin: Ah oui! Il porte un T-shirt, un short et des chaussures de sport.

Lutin: Luc, tu portes des vêtements bizarres!
Luc: Mais non, c'est très chic. Je porte un anorak, un pantalon de ski et des gants.
Lutin: Et mets une casquette aussi.
Luc: Oh, Lutin!

Lutin: Regarde, Luc! Je porte un jean et un T-shirt jaune et orange.
Luc: Oh! là là! C'est horrible!

Luc et Lutin: Mozart!
Lutin: Qu'est-ce que tu portes?!!
Mozart: Miaou?
Luc: Un maillot et des sandales, pour un chat!
Luc et Lutin: Ah non!

58

Chante!

Qu'est-ce qu'on porte?

C'est le 2 dé - cembre et il fait froid. Qu'est-ce qu'il porte, De -

nis? C'est le 2 dé - cembre et il fait froid. Qu'est-ce qu'il porte, De -

nis? De - nis porte un pan - ta - lon des mi - taines et

un cha - peau des bottes et un man - teau.

Paroles et musique: Matt Maxwell

2. C'est le 5 mars
Et il pleut.
Qu'est-ce qu'elle porte, Marie? ⎫ *(bis)*
Marie porte une casquette
Une robe et des bottes.
Marie a un parapluie.

3. C'est le 30 juin
Et il fait chaud.
Qu'est-ce qu'il porte, Roméo? ⎫ *(bis)*
Roméo porte un maillot
Un T-shirt et des sandales
Ô Roméo, qu'il fait beau.

Attention, les vêtements!

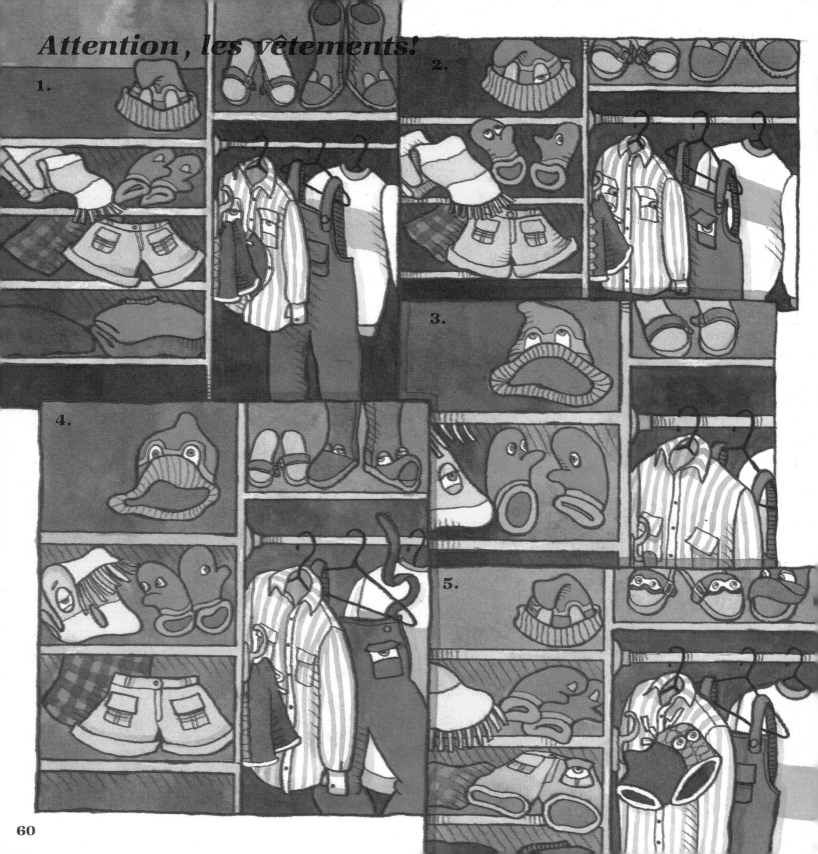

C'est logique?

À ton tour!

C'est quelle saison? C'est logique? Qu'est-ce qu'il/elle porte? Quel temps fait-il?

Roméo et la météo

Annonceur: Voici Roméo et la météo.
Roméo: Bonjour, bonjour, bonjour!
Aujourd'hui c'est le 8 décembre. Il fait froid et il
neige, neige, neige! Regardez! Je porte mes bottes!

Roméo: Allô, allô, allô!
C'est le 21 juin. C'est l'été, mais il fait
mauvais et il pleut, pleut, pleut! Oh! là là!

Roméo: Bravo, bravo, bravo!
Il fait très beau et il fait chaud, chaud, chaud!
Regardez! Je porte mon maillot bleu et orange!

Roméo: Ah! c'est fantastique.

Annonceur: Aujourd'hui c'est le 15 janvier. Voici Roméo et la météo.
Roméo: Oui, oui, oui! Voilà la neige. Il fait beau mais il fait froid, froid, froid! Regardez! Je mets mes skis.
Annonceur: Attention, Roméo!

Roméo: C'est magnifique . . .
Annonceur: Au revoir, Roméo!

Au monde des vêtements

Quelle aventure!
Tour D

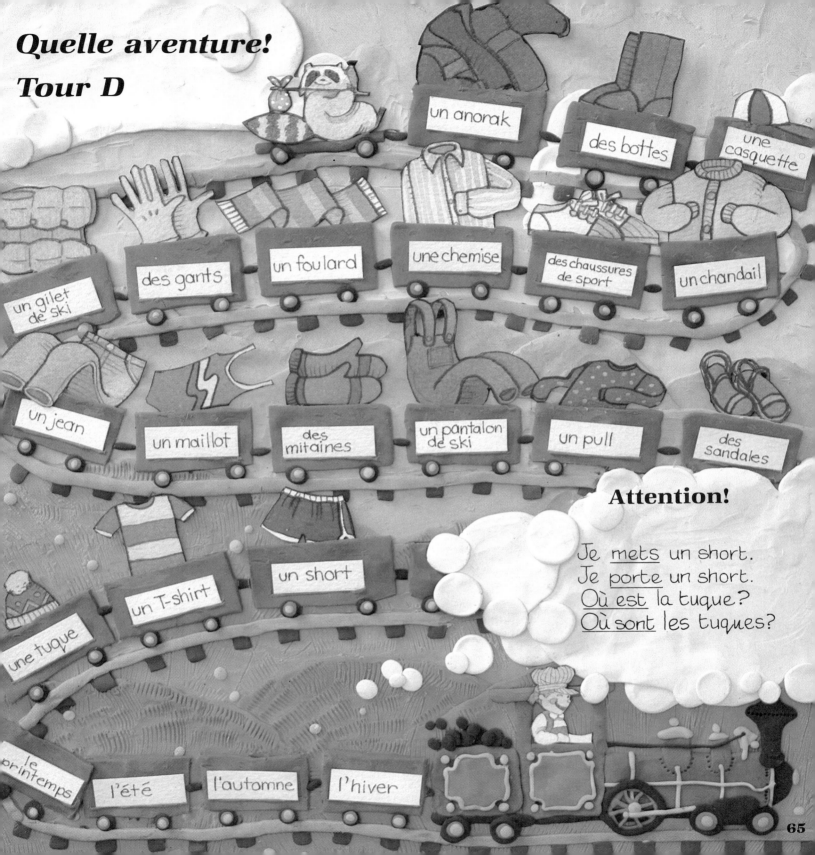

un anorak

des bottes

une casquette

des gants

un foulard

une chemise

des chaussures de sport

un chandail

un gilet de ski

un jean

un maillot

des mitaines

un pantalon de ski

un pull

des sandales

un T-shirt

un short

une tuque

le printemps

l'été

l'automne

l'hiver

Attention!

Je <u>mets</u> un short.
Je <u>porte</u> un short.
<u>Où est</u> la tuque?
<u>Où sont</u> les tuques?

des animaux

J'ai une surprise!

Parle!

A.

B.

69

Lis et parle!

Qu'est-ce que c'est?   C'est un/une...?   Qu'est-ce qu'il/elle met?

De quelle couleur est...?   Il est petit/drôle?   Comment est...?

Qu'est-ce qu'il/elle porte?   Elle est grosse/grande?

Une élection intéressante

Chante!

Le café Crocodile

Où sont tous les a-ni-maux?__ Dis-moi, où sont-ils?__

Où sont tous les a-ni-maux?__ Ils sont au ca-fé Cro-co-dile.__

1. Lé-o, le li-on, il est grand et fort.__ Il porte des chaus-
3. Voi-là Hen-ri, l'hippo-po-tame.__ Il danse du boogie a-

sures de sport__ Au ca-fé,__ ca-fé Cro-co-dile.__
vec sa femme

2. Voi-là Pierre,__ le ham-ster.__ Il a un gâ-teau pour son
4. Zack, le zèbre, il est noir et blanc. Il parle__ à un ser-pent

an-ni-ver-saire Au ca-fé,__ ca-fé Cro-co-dile.__
in-té-res-sant

Paroles et musique: Matt Maxwell

L'aventure d'Oscar et de Cyrano

À vos places!

À ton tour!

De quelle couleur est-ce?   Qu'est-ce qu'il/elle porte?   Où est...?

De quelle couleur est...?   Comment est-il/elle?

Au café Crocodile

1.

Voici le café Crocodile – un café très chic. C'est vendredi.
Les animaux sont déjà dans le café.

2.

Oiseau 1: Oh, regardez le lion!
Il porte des chaussures de sport!
Oiseau 2: Tut, tut, tut. Pas dans le
café Crocodile!
Oiseau 3: Oh, voilà Monsieur le zèbre.

3.

Oiseau 1: Non, non, non. Ce n'est
pas un zèbre. C'est un cheval.
Il porte un pull noir et blanc.
Oiseau 2: Il est drôle.

Le garçon: Bonjour, Monsieur le lapin. Comment ça va?
Le lapin: Ça va très bien. Tu as la surprise?
Le garçon: Ah oui, monsieur. Le gâteau est derrière la porte.

Cochon 1: Regarde le gâteau. C'est fantastique.
Cochon 2: Ah oui. Le petit lapin a quatre ans.
Cochon 1: Mais c'est un grand gâteau pour un petit lapin.

Hippopotame 1: Oh, regarde le tigre. Il est très timide!
Hippopotame 2: Ah oui. Comment ça va, Monsieur le tigre?
Le tigre: Ça ne va pas!
Hippopotame 1: Où est ton amie?
Le tigre: Elle est sous la table. Elle est timide aussi!

Ah oui! C'est un café très chic...et intéressant aussi.

Au monde des animaux

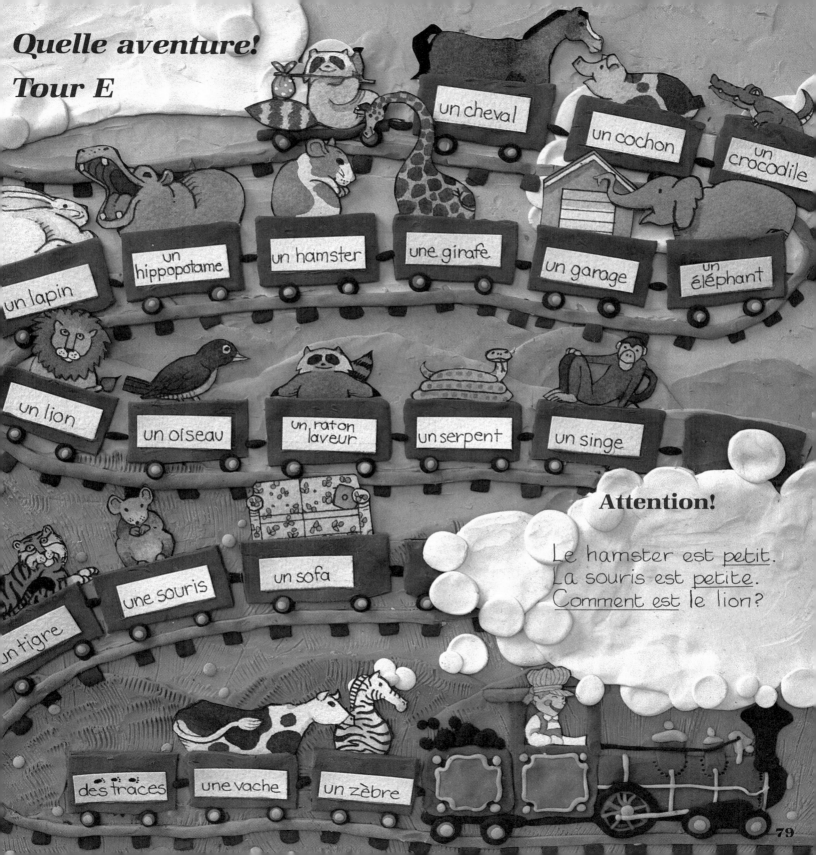

Quelle aventure!
Tour E

un cheval

un cochon

un crocodile

un lapin

un hippopotame

un hamster

une girafe

un garage

un éléphant

un lion

un oiseau

un raton laveur

un serpent

un singe

une souris

un sofa

un tigre

des traces

une vache

un zèbre

Attention!

Le hamster est <u>petit</u>.
La souris est <u>petite</u>.
<u>Comment est</u> le lion?

79

Timbres et monnaie

1. Canada — *Felis concolor cougar* — postage postes — 12

2. CANADA — 2¢ — POSTES POSTAGE

3. 3¢ — POSTES · POSTAGE — CANADA

4. Canada — *Trionyx spinifera* — postage postes — 17

5. 4¢ CANADA

6. 5¢ — CANADA — POSTES · POSTAGE

7. Canada — *Balaena mysticetus* — postes postage — 35

8. 4¢ — CANADA — POSTES · POSTAGE — CARIBOU

9. CANADA — POSTES · POSTAGE — 5¢

10. CANADA — POSTES · POSTAGE — 7 cents

11. 25 — postes/postage — Canada

12. CANADA — 15 CENTS — POSTES POSTAGE

Timbres reproduits avec la gracieuse permission de la Société canadienne des postes

80

TOUR F: Bon appétit!

Cornichons, etc.!

A.

B.

Lis et parle!

Qu'est-ce que c'est?   Qu'est-ce qu'il/elle prépare?   Qu'est-ce qu'il y a . . . ?

Qu'est-ce qu'il/elle veut?   Qu'est-ce qu'il/elle aime?   Où est/sont . . . ?

Quel désastre!

Chante!

Bon appétit!

Bon ap-pé-tit,___ mon a-mi. Tu veux de la soupe?___

S'il te plaît,___ mon a-mi. Qu'est-ce qu'il y a dans la soupe?___

De la glace___ et du cé-le-ri. Des ba-nanes,___ du ma-is souf-flé.___

Non, mer-ci___ mon a-mi.___ Je ne veux pas de soupe.

Paroles et musique: Matt Maxwell

2. Bon appétit, mon ami.
   Tu veux un sandwich?
   S'il te plaît, mon ami.
   Qu'est-ce qu'il y a dans le sandwich?

   Des carottes et des oignons
   Du ketchup et des cornichons.
   Non, merci, mon ami.
   Je ne veux pas de sandwich.

3. Bon appétit, mon ami.
   Tu veux de la salade?
   S'il te plaît, mon ami.
   Qu'est-ce qu'il y a dans la salade?

   Des arachides et des tomates
   De la moutarde et du chocolat.
   Non, merci, mon ami.
   Je ne veux pas de salade!

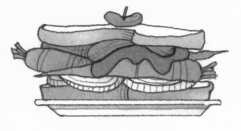

Quels sandwichs!

À ton tour!

Qu'est-ce que c'est?   Qu'est-ce qu'il y a dans le sandwich?   Où est . . . ?

Tu aimes . . . ?   Qu'est-ce qu'il/elle porte?

Quel appétit!

Le lapin:	Le printemps est fantastique, n'est-ce pas?
Le singe:	J'ai faim!
L'éléphant:	Regardez les oiseaux!
Le singe:	Où est mon lunch?
L'éléphant:	C'est magnifique ici!

Le singe:	Je veux de l'eau! Je suis fatigué.
Le lapin:	Moi aussi!
L'éléphant:	Eh bien, tout le monde, on fait un pique-nique.
La souris:	Merci!

Le singe:	Ah non! Encore des bananes.
Le cochon:	Il y a des bananes? J'aime les bananes! Merci.

Le lapin: Oh! là là! Encore des carottes!
Je n'aime pas les carottes!
Le cochon: Ah! des carottes aussi. Fantastique!

Le lapin: Tu veux mes carottes?
L'éléphant: Tu aimes les arachides aussi?
La souris: J'ai du fromage.

Le cochon: Bon! J'ai des bananes, des carottes, des arachides et du fromage ... et mon lunch!

Bon appétit!

94

Quelle aventure!
Tour F

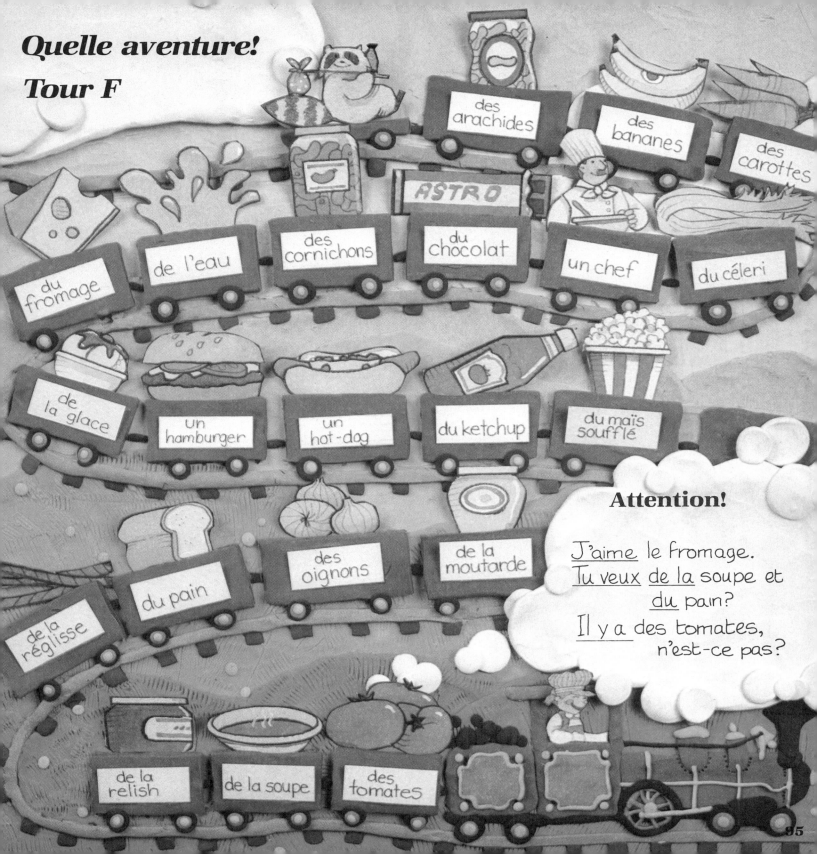

des arachides

des bananes

des carottes

du fromage

de l'eau

des cornichons

ASTRO

du chocolat

un chef

du céleri

de la glace

un hamburger

un hot-dog

du ketchup

du maïs soufflé

du pain

des oignons

de la moutarde

de la réglisse

de la relish

de la soupe

des tomates

Attention!

J'aime le fromage.
Tu veux de la soupe et du pain?
Il y a des tomates, n'est-ce pas?

95

Ah oui, c'est vrai!

Roméo et la météo — édition spéciale

Annonceure: Voici Roméo et la météo.
Roméo: Bonjour, bonjour, bonjour!
Aujourd'hui je présente la météo
pour le Canada.

Roméo: Il neige des cornichons
Dans le Yukon.
Mais pourquoi?
Il fait très froid!

Roméo: Il pleut du céleri
Aujourd'hui à Calgary.
N'oublie pas ton parapluie.
Oui, oui, oui!

Roméo: Il neige de la glace
À St-Boniface.
Oh! là là!
Regarde mes traces!

Roméo: Il neige des arachides
Dans les Laurentides.
Vas-y, David!
Tu n'es pas timide.

Roméo: Et aujourd'hui au Cap Breton
Il pleut des oignons.
Attention, attention,
Attention, les avions!

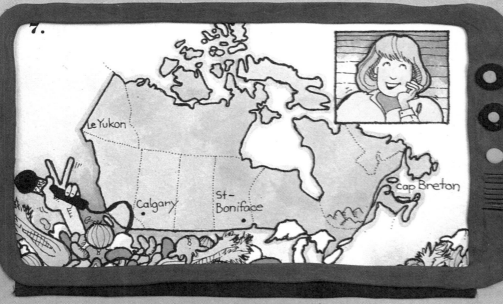

Annonceure: Merci et au revoir, Roméo.

Chante!

Aventures

Refrain

Par tons _____ à l'a-ven-tu-re, _____ Une a-ven-ture en fran-çais. Nous al-lons faire _____ un grand voy-a-ge. _____ Nous al-lons faire _____ beau-coup d'a-mis. Mo-zart, le chat de Luc, est là, Et Ki-mo, le chien, Ga-la-xo et ses a-mis Ca-ti-na et Lu-tin. Il y a aus-si De-nis et sa sœur _____ Syl-vie.

Paroles: Matt Maxwell
Musique: Jack Grunsky

100

2. Il y a des fusées
   Et des jeux électroniques,
   Des triangles et des carrés
   Et un clown magique.
   Il y a un robot,
   Des avions et des autos.
   Refrain

3. Il y a une grande fête
   Avec des cadeaux
   Et pour tout le monde
   Il y a du gâteau.
   On porte des vêtements,
   Des bottes et un chapeau.
   Refrain

4. On visite un restaurant
   Où il y a des animaux,
   Une vache et des cochons
   Une souris et un éléphant.
   Puis on mange des cornichons,
   Des tomates et des oignons.
   Refrain

AVENTURES: Lexique

abracadabra	abracadabra	une **brosse**	a chalkbrush
Allons-y!	Let's go!	**brun**	brown
alors	so		
un(e) **ami(e)**	a friend	un **cadeau**	a present, gift
un **animal**	an animal	une **cage**	a cage
des **animaux**	animals	un **cahier**	a notebook
un **anniversaire**	a birthday	une **calculatrice**	a calculator
un **anorak**	a ski jacket	**calme**	calm
août	August	**Calme-toi!**	Calm down!
des **arachides**	peanuts	un **camion**	a truck
Asseyez-vous!	Sit down!	**Ça ne va pas.**	I'm not well.
Assieds-toi!	Sit down!	des **carottes**	carrots
Attention!	Watch out!	un **carré**	a square
aujourd'hui	today	une **casquette**	a cap
au revoir	goodbye	**Ça va?**	How are you?, How
aussi	also		are things?
une **auto**	a car	**Ça va bien.**	I'm fine.
l'**automne**	autumn	**Ça va mal.**	I'm not well.
avec	with	**Ça va très bien.**	I'm very well.
un **avion**	a plane	du **céleri**	celery
avril	April	un **cercle**	a circle
		un **cerf-volant**	a kite
		C'est nuageux.	It's cloudy.
une **balle**	a ball	une **chaise**	a chair
des **bananes**	bananas	un **chandail**	a sweater
une **bicyclette**	a bike	un **chanteur**	a singer
bien sûr	of course	un **chapeau**	a hat
bizarre	weird, strange	un **chat**	a cat
blanc	white	des **chaussettes**	socks
bleu	blue	des **chaussures de sport**	running shoes
une **blouse**	a blouse	un **chef**	a chef
un **blouson**	a jacket	une **chemise**	a shirt
bon	good	**chéri(e)**	dear
bonjour	hello	un **cheval**	a horse
Bonne fête!	Happy birthday!	**chic: C'est chic!**	That's neat!
bonne idée	good idea	un **chien**	a dog
des **bottes**	boots	du **chocolat**	chocolate
bravo	well done		

un clown	a clown
un cochon	a pig
un Coke	a Coke
comme ci, comme ça	so-so
Comment ça va?	How are you?
Comment t'appelles-tu?	What's your name?
compter	to count
des cornichons	pickles
une craie	a piece of chalk
un crayon	a pencil
un crocodile	a crocodile
d'accord	OK
dans	in
décembre	December
déjà	already
De quelle couleur est-ce?	What colour is it?
de rien	you're welcome
derrière	behind
Dessine!	Draw!
devant	in front of
Devine!	Guess!
dis-moi	tell me
drôle	funny
de l'eau	water
Écoutez!	Listen!
Eh bien . . .	Well then . . .
un éléphant	an elephant
elle aime	she likes
elle met	she's putting on
elle porte	she's wearing
elle prépare	she's preparing
elle s'appelle	her name is
elle veut	she wants
encore	more
des enfants	children

et	and
l'été	summer
euh . . .	um . . .
Excusez-moi.	Excuse me.
extraordinaire	extraordinary
une famille	a family
fantastique	fantastic
fatigué	tired
une femme	a wife
une fenêtre	a window
féroce	ferocious
une fête	a birthday
février	February
une fille	a girl
une fleur	a flower
fort	strong
un foulard	a scarf
français	French
un frère	a brother
du fromage	cheese
une fusée	a rocket
des gants	gloves
un garage	a garage
un garçon	a boy
un gâteau	a cake
gentil	nice
un gilet de ski	a ski vest
une girafe	a giraffe
de la glace	ice cream
une gomme	an eraser
grand	tall, big
une grand-mère	a grandmother
des grands-parents	grandparents
un grand-père	a grandfather
gris	grey

	gros		big, fat
un	hamburger		a hamburger
un	hamster		a hamster
un	hippopotame		a hippopotamus
	l'hiver		winter
	horrible: C'est horrible!		It's horrible!
un	hot-dog		a hot dog
un	hôtel		a hotel

il aime		he likes
Il fait beau.		It's nice weather.
Il fait chaud.		It's hot (warm).
Il fait froid.		It's cold.
Il fait mauvais.		It's bad (nasty) weather.
Il fait noir.		It's dark.
Il fait soleil.		It's sunny.
il met		he's putting on
Il neige.		It's snowing.
il parle		he's talking
Il pleut.		It's raining.
il prépare		he's preparing
il porte		he's wearing
il s'appelle		his name is
Il vente.		It's windy.
il veut		he wants
il y a		there is, there are
instant: Un instant!		Wait a minute!
intelligent		intelligent
intéressant		interesting

j'ai		I have
j'ai . . . ans		I'm . . . years old
j'ai faim		I'm hungry
j'aime		I like
janvier		January
jaune		yellow

un	jean		jeans
	je l'écris		I write it
	je m'appelle		my name is
	je mets		I'm putting on
	je n'aime pas		I don't like
	je parle		I speak
	je porte		I'm wearing
	je prépare		I'm preparing
	je sais		I know (how)
	je suis		I am
un	jeu électronique		a video game
	je veux		I want
un	joggeur		a jogger
	juillet		July
	juin		June
une	jupe		a skirt

du ketchup		ketchup

du	lait		milk
un	lapin		a rabbit
un	lion		a lion
un	livre		a book
	logique		logical
un	lunch		a lunch
des	lunettes		glasses

	M. Mme Mlle		Mr. Mrs. Miss
	madame		ma'am
	magique		magic
	magnifique		wonderful
	mai		May
un	maillot		a bathing suit
	mais		but
	Mais non!		No it's not!
une	maison		a house
du	maïs soufflé		popcorn

maman	Mom
un manteau	a coat
mars	March
merci	thank you
une mère	a mother
mesdames et messieurs	ladies and gentlemen
la météo	the weather report
mets	put on
mince	slim, skinny
des mitaines	mitts
moi aussi	me too
monsieur	sir
un mot	a word
de la moutarde	mustard
n'est-ce pas?	isn't it?
noir	black
non	no
novembre	November
le numéro	the number
octobre	October
Oh! là là!	Oh, my!
des oignons	onions
un oiseau	a bird
on fait . . .	let's have . . . (a picnic)
on mange	we eat
orange	orange
un ordinateur	a computer
original	original
oublie: n'oublie pas	don't forget
où est	where is
oui	yes
où sont	where are
du pain	bread

un pantalon	pants
un pantalon de ski	ski pants
un parapluie	an umbrella
pardon	pardon
des parents	parents
pas pour moi	not for me
un père	a father
petit	short, small
un pique-nique	a picnic
une pizza	a pizza
une porte	a door
une poupée	a doll
pour toi	for you
le printemps	spring
un professeur	a teacher
puis	then
un pull	a pullover
un pupitre	a (student's) desk
un pyjama	pyjamas
quand: C'est quand ta fête?	When's your birthday?
Quel âge as-tu?	How old are you?
Qu'est-ce que c'est?	What's that?
Qui est-ce?	Who is it?
un raton laveur	a raccoon
une recette	a recipe
un rectangle	a rectangle
Regarde!	Look!
Regardez!	Look!
une règle	a ruler
de la réglisse	licorice
de la relish	relish
une robe	a dress
un robot	a robot
rose	pink
rouge	red

une **salade**	a **salad**
une **salle de classe**	a **classroom**
un **salon**	a **living room**
des **sandales**	**sandals**
un **sandwich**	a **sandwich**
sensationnel	**sensational**
septembre	**September**
un **serpent**	a **snake**
un **short**	**shorts**
s'il te plaît	**please**
s'il vous plaît	**please**
un **singe**	a **monkey**
des **skis**	**skis**
une **sœur**	a **sister**
un **sofa**	a **sofa**
des **souliers**	**shoes**
de la **soupe**	**soup**
une **souris**	a **mouse**
sous	**under**
un **stylo**	a **pen**
super	**great**
sur	**on**
une **surprise**	a **surprise**
une **table**	a **table**
un **tableau**	a **chalkboard**
un **tigre**	a **tiger**
timide	**timid**
des **tomates**	**tomatoes**
tous, toutes	**all**
tout: C'est **tout?**	Is that **all?**
tout le monde	**everybody**
des **traces**	**footprints**
un **train**	a **train**
très	**very**
un **triangle**	a **triangle**
un **T-shirt**	a **T-shirt**
tu aimes	**you like**
tu es	**you are**
tu l'écris	**you write it**
tu mets	**you're putting on**
tu portes	**you're wearing**
une **tuque**	a **tuque**
tu sais	**you know**
une **vache**	a **cow**
Vas-y!	**Go ahead!**
vert	**green**
des **vêtements**	**clothing**
Viens ici!	**Come here!**
voici	**here is, here are**
voilà	**there is, there are**
Voyons.	**Let's see.**
un **zèbre**	a **zebra**